TRAITÉ

DE SOCIALISME,

PAR

F. ROUSSET FILS, Ouvrier.

La marche du progrès est lente, mais elle est progressive. Les siècles sont pour elle des journées de marche bien courtes. Ainsi les générations se succèdent sans pouvoir apercevoir ni même distinguer cette marche divine. Ce n'est qu'en jetant les yeux sur l'histoire et en étudiant les siècles passés, que l'on peut remarquer cette marche à l'amélioration; ce n'est qu'en envisageant les siècles passés, que l'on peut comprendre le progrès civilisateur. L'intelligence humaine peut devancer et précipiter cette marche lente, mais réelle. Ainsi, le pouvoir seigneurial des siècles passés avait ralenti cette marche, par eux bien comprise, et en enveloppant le peuple d'une ignorance aussi complète qu'absurde, ils avaient dressé d'innombrables obstacles à cette marche des peuples, à leur affranchissement. Mais aujourd'hui que les flots du progrès ne sont plus restreints par les pouvoirs féodaux et tyranniques, ils débordent avec d'autant plus de rapidité qu'ils ont été ralentis et contenus par ces mêmes pouvoirs inquiets

1848

et jaloux de leurs droits. Oui, Frères, la marche du progrès et des lumières est maintenant bien rapide ; rien ne peut plus s'opposer à cette foudroyante rapidité, qui menace ruine à toutes les oppressions. Qu'ils tremblent, ceux qui voudraient mettre un frein à la fureur des flots débordés ! Qu'ils tremblent d'être emportés par la course fougueuse de ce fleuve d'intelligence. Nous dirons donc maintenant que les siècles ne sont plus pour le progrès des journées de marche, mais bien des années.

Les temps approchent donc avec rapidité à ce moment suprême, légitime, que les tyrans et les ennemis de l'humanité s'efforcent d'éloigner et de noircir, mais il approche...il est prêt de paraître ce jour si beau, si majestueux ! Oui, Frères, nous allons voir, un beau matin, se lever sur l'horison le soleil de l'intelligence et des lumières qui régénèreront l'humanité souffrante et qui tariront à jamais les ignobles souffrances des peuples longtemps esclaves et opprimés. Ah ! quel beau jour que ce jour de régénération où tous les peuples se tendront une main fraternelle et déploieront l'immortel étendard de liberté, d'égalité, de fraternité ! Jours heureux quand les tyrans ne vivront plus, et que les ennemis de l'humanité auront cessé de vivre ! Alors, quand les peuples se tiendront tous par la main, quand le soleil réformateur aura fécondé et grandi les imaginations, l'humanité sera divinisée ; alors tous les préjugés disparaîtront devant cette réalité. La religion du cœur sera pure et inébranlable, parce que la vérité parlera, et les incrédules pourront se convaincre.

La religion des préjugés, des absurdités des temps qui font notre honte commune, devra donc se briser contre la plus pure des lumières. Cette religion, émanée d'un cœur pur et vertueux, voit aujourd'hui ses fondements philosophiques ébranlés par les erreurs de tous genres qui s'abritent sous leur ombre. Les préjugés, les erreurs et les absurdités du XVIIIe siècle nous sont transmis comme étant la sainteté même, comme étant émanés de son fondateur, qui était sans doute bien au-dessus des superstitions vulgaires. Non, l'humanité n'a pas resté dix-huit siècles à dormir, tandis qu'elle avait tant à faire. Le soleil de l'intelligence a déjà jeté sur l'humanité ses premiers rayons de fécondité, qui démontrent à tous, les superstitieuses croyances et absurdités de ces siècles si reculés, époque de notre enfance.

Oui, Frères, nous venons d'en recevoir les premiers rayons d'amour; la chaleur de ce soleil oriental est si vivifiante, si régénératrice, que ses premiers rayons enfantent déjà des prodiges inouïs. Car, mes Frères, qui de nous aurait cru, il y a quelque temps, que Rome allait avoir un pape républicain ?... Qui de nous aurait cru, le 22 février, qu'en deux jours la France aurait été républicaine, malgré les innombrables bastilles dont le tyran avait inondé notre territoire ?... Voyez la noble émulation qui anime tous les peuples ; ils marchent à leur affranchissement. Les réformes sont générales et se répandent partout ; partout la réorganisation a lieu, partout l'esprit républicain triomphe et se propage.

Maintenant, suivons avec rapidité le progrès civilisateur, et nous distinguerons sa marche progressive.

La France esclave a secoué le joug de fer sous lequel elle gémissait, et l'oppression seigneuriale fut anéantie ;

aussitôt l'Europe brisa toutes les servitudes qui pesaient sur elle.

La France constitutionnelle inspira à l'Europe l'amour de la liberté, l'amour de la constitution. Dès-lors l'Europe fut constitutionnelle ; car chaque nation s'empressa de s'affranchir et de niveler la France, qui cette fois encore leur donnait l'éveil.

Mais la constitution de la France, ce chef-d'œuvre de 1830, s'éboulait insensiblement, était sourdement minée par une nouvelle aristocratie, qui bientôt dominait le régime constitutionnel et en absorbait tout ce que l'on pouvait en attendre. La liberté n'était plus qu'un vain mot, et elle dépendait moins de la constitution que de la richesse des particuliers. Le riche seul était donc libre, et le peuple était encore esclave. Tout-à-coup la France se lève et brise la monarchie ; elle était lasse des promesses que leur faisaient toujours les tyrans quand ils montaient sur le trône. La France brise le sceptre et la couronne de la dynastie tyrannique, et prononce anathème contre la monarchie ; la France se fait donc républicaine, et l'Europe, à son exemple, secoue le joug de fer sous lequel elle a longtemps gémi, et renverse tous ses oppresseurs pour proclamer aussi la République.

Oui, mes Frères, voilà cette marche divine, que des tyrans seuls voudraient contenir ; mais ils n'y parviendront pas. La République, dès-aujourd'hui, peut se dire immortelle tant qu'elle sera sage et prudente. Les Républicains couvrent le globe entier de leurs sentiments fraternels. Qu'ils ne se désunissent jamais ! Pour cela, ils doivent se fréquenter et se réunir souvent pour retremper leur courage, pour s'instruire et pour dévoiler les traîtres. Que tous les Républicains prennent pour devise : *Union et force.* Qu'ils se rappellent donc bien que de leur union dépend l'avenir de l'humanité; qu'ils soient donc toujours en garde contre ceux qui sèment la discorde et la méfiance. Les ennemis de la République emploieront tous les moyens possibles pour nous diviser; eh bien! méfions-nous de ceux qui jettent la méfiance et la discorde; livrons leurs noms et leurs actions à la publicité, afin que partout on les connaisse, afin qu'on ne puisse s'y méprendre.

Citoyens mes Frères! formons une société indivisible; prêchons la morale et dévoilons les abus; soyons généreux pour nos ennemis, mais fermons-leur nos rangs; pour les vaincre il faut les ménager, afin qu'ils puissent reconnaître leurs torts et les réparer; car la vengeance ne fait naître que la haine et l'injustice.

Plaignons nos frères légitimistes, car ils demandent des rois, et les rois sont les tyrans des peuples; mais fermons-leur nos rangs.

Plaignons les carlistes, car ils veulent des rois bourbons, qui sont aussi des tyrans et qui protégent nos ténébreux oppresseurs; mais surtout fermons-leur nos rangs, car chez eux sont les secrets émissaires du jésuitisme.

Le règne des rois est passé... celui de tous nos oppresseurs est fini. Les rois ont toujours été pour les peuples de véritables fléaux; car pour une vaine ambition ou une légère susceptibilité, ils engageaient des guerres sanglantes et ruineuses, où le pauvre peuple était décimé pour contenter leurs vains caprices; et sitôt rentré dans ses foyers, d'énormes impôts venaient l'accabler pour réparer la position financière que le tyran avait exposée à toutes les chances d'une politique aussi absurde que criminelle ; et le pauvre peuple, après avoir exposé sa vie pour le salut de son tyran, rentrait plus forcené à son travail qu'il n'en était sorti. La misère la plus affreuse était ensuite son partage, et il voyait avec douleur ses jeunes enfants et ses faibles compagnes se courber sous le poid des plus rudes travaux.

O mes frères ! tout cœur vertueux doit frémir à l'aspect d'une position aussi misérable. Rien de plus révoltant ne peut déchirer notre cœur. Mais, Citoyens, prenons courage, les rois ont fini leur règne tyrannique, et l'esclavage ne prévaudra jamais sur la liberté. Nos tyrans et tous nos exploiteurs sont à jamais anéantis ; jamais contre nous ils n'oseront se présenter le glaive en main ; ils ne nous combattront que par l'astuce et la ruse. Ainsi, instruisons-nous, et nos intelligences éclairées connaîtront leurs perfides manœuvres et déjoueront leurs infâmes complots ; le glaive sera oublié, et le sang humain, le sang de nos frères, ne coulera plus, et ils viendront à nous, vaincus par nôtre sagesse et notre prudence.

Oui, la République sortira triomphante des entraves que nous dressent nos ennemis ; elle sortira triomphante, parce qu'elle seule peut satisfaire à tous les intérêts, satisfaire à toutes les exigences. Mais il ne faut pas nous le dissimuler, mes Frères, nous avons déjà fait beaucoup de choses, mais il nous reste encore beaucoup à faire. Ce que nous avons à faire est grand, magnanime, c'est de conserver notre union. Ce sont là les plus grandes entraves que nous aurons à surmonter, car nos ennemis sont puissants à jeter la défiance et la discorde. Oui, mes frères, si nous écoutons les ennemis de la République, ils nous diront : Les Communistes ne sont pas des Républicains ; ils veulent renverser l'ordre actuel des choses, et la République n'a pas de plus puissants ennemis...

Oui, mes Frères, voilà où vous reconnaîtrez ces secrets émissaires de nos oppresseurs, qui vont partout semer la division. Plus loin, on vous dira : Les Phalanstériens forment des sociétés secrètes d'où ils expulsent tous les Républicains, et la République ne pourra lutter contre le phalanstère.

Oui, voilà le langage des secrets émissaires du jésuitisme. Et aux Communistes et aux Phalanstériens ils diront : Si vous saviez, ô mes amis, ce que les ouvriers disent de vous ! ils vous haïssent comme de véritables ennemis, et ils n'attendent qu'une révolution pour vous combattre partout où ils vous trouveront. Prenez garde, et tenez-vous toujours prêts à supporter leurs intrigues ; surtout ne les admettez pas dans votre sein, et méfiez-vous de leurs embûches.

Eh bien, Frères, voilà ce qui nous attend ; c'est là que nous devons le plus veiller, le plus apporter de vigilance. Car, vous n'ignorez pas que les Communistes, les Phalanstériens sont tous de purs Républicains. Tous leurs principes sont véritablement républicains ; ils veulent que tous soient heureux, que tous soient libres, égaux et frères ; ils ne veulent pas de rois, d'oppresseurs ni de tyrans.

Oui, mes Frères, et il ne nous en faut plus... Annéantissons tout ce qui prend la couleur de la tyrannie. Les rois, dès-aujourd'hui, sont nos plus mortels ennemis, car les rois ne sont que des tyrans; les rois ne sont que les oppresseurs des peuples; les rois sont les fléaux de l'humanité... A leur suite, presque à leurs pieds, nous voyons encore des oppresseurs d'autant plus dangereux qu'ils nous sont invisibles; et sur les pas de ces oppresseurs nous voyons les vengeances, les rages cruelles qui veulent assouvir leur haine implacable.

Jamais les tyrans ne nous gouverneront, car ils sèment es faveurs et les priviléges, qui font de l'inégalité, c'est-à-dire qui font des oppresseurs et des esclaves. Jamais les tyrans ne nous gouverneront, parce que, pour régner, il leur faut de l'esclavage et de l'ignorance. Les rois ont toujours voulu notre abrutissement et notre misère, et toujours ils ont voulu nous enlever nos droits.

Tandis que la République répand l'égalité dans toutes les classes, — et par conséquent point de tyrans, point d'esclaves, — la République, pour régner, propagera l'instruction, qui a toujours eu horreur de la tyrannie et de l'esclavage, et la République n'existe que pour défendre contre la tyrannie les droits de tous les citoyens.

La tyrannie maintenant est impossible, car les derniers restes de l'aristocratie viennent de se briser contre la marche progressive du progrès et des lumières. Nos tyrans et nos oppresseurs ténébreux (jésuites) ont eu beau déployer leur politique, leur astuce et toutes leurs manœuvres criminelles, ils n'ont pu comprimer ni même ralentir la marche géante avec laquelle les nations européennes semblaient marcher à l'envi. L'aristocratie et l'ignorance ont fécondé et servi l'oppression et le fanastisme; mais la liberté et l'instruction anéantiront tous les despotismes.

La France vient de briser une constitution avilie par l'aristocratie, qui voulait nous asservir pour nous dominer. Mais ils n'ont trouvé dans la patrie que des Républicains qui avaient horreur de l'oppression. Ils croyaient que dix-huit années de paix avaient engourdi nos nobles sentiments…; ils croyaient trouver dans notre patrie beaucoup plus de Cosaques que de Français; mais ils ont fait une bien funeste épreuve pour leurs vaines espérances.

Que doivent penser les rois de cette marche des peuples à l'affranchissement, à la grande réformation? Le courage de tous nos oppresseurs ne doit-il pas céder à cette marche divine des événements, contre laquelle leurs efforts sont vains?

La France, en arborant le drapeau républicain, portera le coup le plus terrible au jésuitisme. L'Europe, éveillée par ce drapeau de l'humanité, brisera et renversera pour la dernière fois et les monarchies et les aristocraties.

Plus de rois : plus de tyrannie; plus de différents peuples, plus de différents gouvernements; une immortelle République gouvernera l'Europe par ces trois mots : Liberté, égalité, fraternité. Plus de peuples esclaves tandis que leurs voisins étaient libres; et plus de misérables, tandis que leurs voisins étaient riches et opulents. Plus de frontières, que les tyrans nous ont imposées pour nous diviser et par conséquent pour nous abattre. Ils nous disaient : « Au-delà de vos frontières sont vos ennemis. » Et ils prenaient un perfide plaisir à nous voir entr'égorger, parce qu'après chaque grande guerre le peuple était beaucoup plus faible, beaucoup plus docile, et ils gouvernaient avec beaucoup plus d'autorité et d'arrogance. L'union fait la force et le bonheur des familles, de même l'union fait la force et le bonheur des nations. Ainsi, quand les nations européennes seront unies entre elles, les tyrans ne pourront plus les asservir, car un souffle de l'Europe anéantirait toute minorité factieuse; rien ne pourrait résister à deux cent cinquante millions de Républicains, qui ne formeront plus qu'une seule famille, à laquelle ont soupiré de grands hommes de l'époque passée, tels que les Lamennais et les Rousseau, et une suite innombrable d'hommes dévoués aux progrès et aux améliorations sociales, tels que les Cousin, les Lamartine, les Cabet, les Michelet, etc., etc.

Oui, tous les cœurs généreux soupirent après cette grande réformation qui vient régénérer la France; réformation dont la marche est divine et progressive. Chaque jour est un jour de progrès et de victoire de l'humanité sur les ennemis des progrès humanitaires.

O grande et magnanime révolution de Février, tu seras immortelle, ton souvenir percera les siècles, et les générations futures admireront avec ravissement ta grandeur, ta puissance et ta modération dans la victoire! elles béniront ton souvenir et ne marcheront que sur tes traces. Ainsi, les tyrans n'oseront donc plus, parce qu'ils ne pourront pas s'emparer des droits qu'ils s'étaient si injustement arrogés, mais qu'ils viennent de perdre pour toujours.

O fils de Loyola! la rage vous déchire le cœur, comme la misère que vous propagiez dévorait les classes laborieuses; et l'insuffisance avec laquelle elles végétaient de jour en jour leur portait aussi une rage, car de l'insuffisance au plus impérieux besoin, il naît de la rage.

Pourtant aujourd'hui point de vengeances ne vous sont faites; l'humanité est calme, mais sa voix prophétique vous expulse entièrement. Oui, pour toujours vous êtes bannis de la France, car la voix de l'humanité s'est fait entendre; mais l'humanité n'a pas de patrie, elle est générale; donc sa voix prophétique fera retentir dans le monde entier ces paroles qu'elle a déjà prononcées en France : « Expulsion générale des ennemis de l'humanité !... »

La France, aujourd'hui républicaine, déployant son immortel étendard, va réveiller les sentiments nobles et généreux des peuples engourdis par un vil esclavage. Ces cris de liberté, d'égalité, de fraternité, vont retentir dans tous les cœurs, où ils ont été si longtemps renfermés par la servitude sous laquelle ils gémissaient.

L'immortel drapeau français va être ce flambeau divin qui embrasera le monde entier de sa flamme douce et pure, et qui détruira, par la seule force de sa volonté triomphante, tous les ennemis du progrès, de la République et de l'humanité. Qu'ils fuient bien vite, tous les oppresseurs de la pauvre humanité; car le jour est proche où ils ne vivront plus, où ils seront expulsés, anéantis comme les grains sous la meule.

Qu'ils tremblent donc, ces oppresseurs ténébreux qui, sous le voile du nom de Jésus, exécutent les plus horribles complots et les manœuvres les plus criminelles ! Qu'ils tombent donc à jamais, pour que la grande réorganisation européenne s'accomplisse !

Oui, le jour est proche où le soleil réformateur apparaîtra à l'Orient pour venir éclairer l'humanité de ses feux d'amour et de fécondité.

Jours heureux, après lesquels soupirent tant d'êtres qui finiront peut-être leurs jours de douleur sans pouvoir atteindre ni comtempler ce jour qui fera de l'Europe une seule et même famille! Terre promise après laquelle tous ne pourront atteindre; mais les souffrances que tous endurent accélèrent et précipitent sa marche géante et divine.

Marchons! marchons!... Plus nous marcherons, plus nous nous approcherons de ce jour si beau, si riant, qui promet à tous un terme aux malheurs et aux souffrances qu'endurent les victimes de cette marche progressive de la vérité contre l'erreur, de la liberté contre l'esclavage!

Demain peut-être l'aurore de ce jour radieux! Demain peut-être le jour de la République universelle, qui de l'Europe doit faire une seule famille!

L'ignorance est-elle nuisible?

Tous les maux de la terre ont été son ouvrage;
Elle a produit l'oubli, l'abandon de nos droits,
Servi le fanatisme, enfanté l'esclavage,
Dégradé la nature et profané ses lois.

L'étude est-elle nécessaire?

L'étude instruit l'enfance, embellit la vieillesse,
Augmente le bonheur, console la détresse;
Et contre le mensonge armant la vérité,
Aux piéges de l'erreur oppose la clarté.

Quels sont les droits du citoyen?

De penser librement, croire, agir, s'exprimer;
De posséder les fruits que son travail lui donne,
D'être sûr de ses biens et sûr de sa personne,
Et d'opposer sa force à qui veut l'opprimer.

LA CROIX-ROUSSE. TH. LÉPAGNEZ, IMPR.